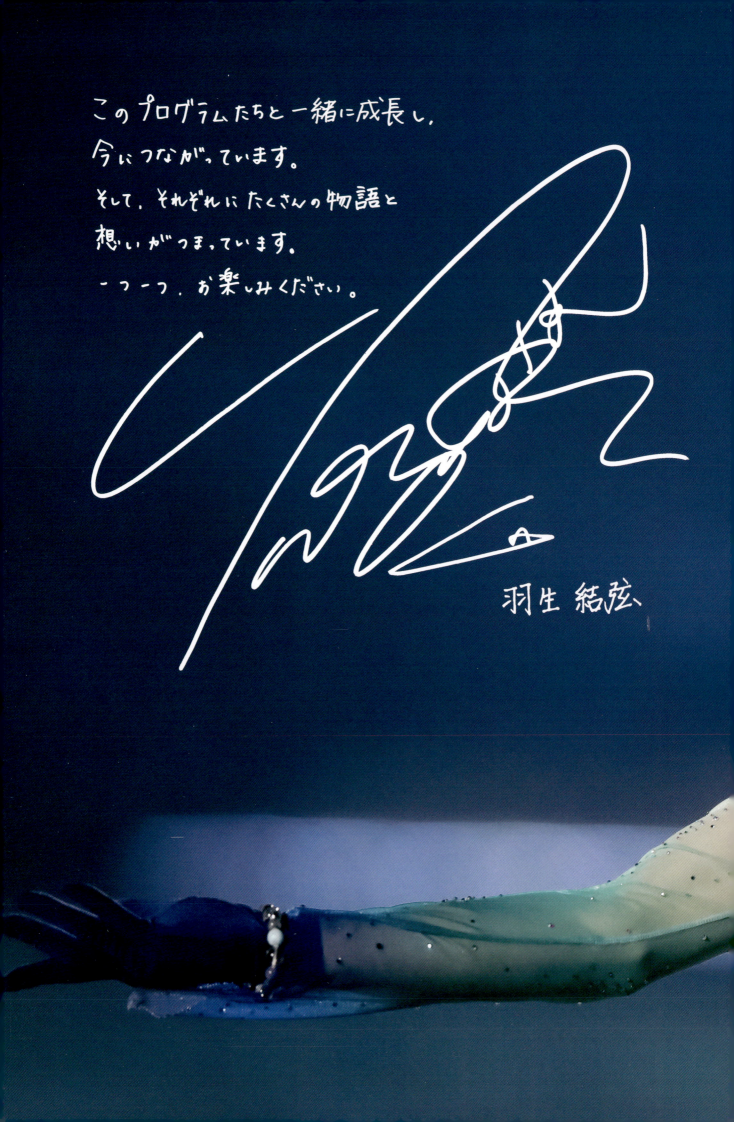

羽生結弦 魂のプログラム
CONTENTS

第1章
オリンピック連覇、王者の証明

王者にとっては、成功さえも試練だった。
だが、それを乗り越え、磨かれた魂と鍛えられた心で
再び手にした金メダル。偉大な快挙を世界が祝福した。

第2章
オリンピック・チャンピオン誕生

故郷・仙台を旅立ちトロントへ。
被災地やファンからの応援を受け止めて、
悔しさを原動力に、到達した世界の頂点。

第3章
ジュニアの世界王者へ

4歳でフィギュアスケートに出会った。
「オリンピック金メダリストになる」
純粋で志高い思いには、素晴らしいパワーが秘められていた。

第1章
オリンピック連覇、王者の証明

SEIMEI

音楽：梅林茂（映画「陰陽師」、「陰陽師Ⅱ」より）
振付：シェイ=リーン・ボーン
シーズン：2017-2018、2015-2016 FS
パーソナルベスト：219.48（2015年グランプリファイナル）

「日本人の誇りをもって、自分らしく滑りたい」——羽生結弦が凛々しくも決然とした表情でそう宣言したプログラムは、やがてフィギュアスケートの金字塔を打ち立てる奇跡のプログラムへとその真価を顕わにした。彼が自ら名づけた「SEIMEI」——涼やかな語感は、映画「陰陽師」の主人公である安倍晴明とも、「生命」とも、さまざまな意味を想起させる。彼自身が音楽を見出し、振付のシェイ=リーン・ボーンとの密度の濃い創作プロセスを経て生み出されたプログラム。和の響きに満ち満ちた音楽は、くっきりと深い陰影と豊かな物語性を漂わせ、複雑で流麗なステップワークがその音楽を現前させる。初披露以来留まることなく進化を続け、4回転サルコウ、4回転トウループ、4回転トウループ＋3回転トウループを組み込んだ当時の最高難度の構成で、2015年NHK杯で216.07、続くグランプリファイナルで219.48をマークし、世界最高得点の記録を樹立。名実ともに「世界一のプログラム」となった。そして2017-2018シーズン、運命のオリンピックイヤーに、羽生結弦はもう一度このプログラムを滑ることを決めていた。負傷のため中断を余儀なくされた苦難のシーズンの得難いパートナーとなったこのプログラムとともに、オリンピックの場で4年間のすべてを昇華させるパフォーマンスを見せて、羽生結弦は大きな雄叫びを上げ、涙をあふれさせた。男子シングル66年ぶりのオリンピック連覇——。羽生結弦の伝説は、「SEIMEI」の栄光とともに長く語り継がれていくに違いない。

ショパン
バラード第1番

音楽：フレデリック・ショパン
振付：ジェフリー・バトル
シーズン：2017-2018、2015-2016、2014-2015 SP
パーソナルベスト：112.72（2017年 CS オータム・クラシック・インターナショナル）

ショパンの華麗なピアノ曲にのせて、静から動へ、抑制から熱情へと劇的にクレシェンドしていく、羽生結弦が追究してきた音楽表現の頂点を極めたプログラム。振付のジェフリー・バトルが、「成熟を備えながら、彼らしいがむしゃらさ、すべてを投げうつような潔さも備わっている」と分析した曲である。オリンピック・チャンピオンとして迎えた2014-2015シーズン、新たな挑戦としてこの曲を選んだ彼は、波瀾の1年間を経て、もう1年このプログラムを選択。さらに、オリンピック2連覇へ向かう2017-2018シーズンにも「バラード第1番」を復活させた。当初、「まだ表現しきれていない」と音楽との格闘を続けていた彼は、激しくも艶やかに駆けめぐる音色に全身で浸り、ジャンプ、ステップ、スピンのすべてをピアノの1音1音と溶け合わせて、音楽そのものの化身とも呼べる境地へと至る。どこまでも純粋に、美しく、覇気を燃やして——表現においても、その完成へのプロセスにおいても、「羽生結弦という意志」を象徴する、歴史に残るマスターピースである。

Hope & Legacy

音楽：久石譲（「View of Silence」「Asian Dream Song」より）
振付：シェイ=リーン・ボーン
シーズン：2016-2017 FS
パーソナルベスト：223.20（2017年世界選手権）

音楽は久石譲のピアノ曲。1998年長野パラリンピックのテーマソングだった「Asian Dream Song」と、「View of Silence」を編集し、自ら「Hope & Legacy」と名づけた。振付のシェイ=リーン・ボーンは、彼自身の旅路をストーリーに籠めたといい、「結弦こそが希望であり、レガシーなのです」と語る。片手を前に差し出す冒頭の仕草は、彼のスケートとの出会い。苦闘の日々を経て、喜びと希望の境地へと至り、両腕を大きく開いて他者を迎え入れるかのようなラストを迎える。これまでになく意味深くメッセージ性の高いプログラムといえるが、彼自身は自分の道のりを過剰に盛り上げることなく、あくまでもピアノに寄り添い、スケーティングを通して端正に、繊細に描いていく。観る人すべてとつながり、想いをシェアすることを何よりも優先した、羽生結弦の「気品」こそが際立った作品だ。

世界最高得点をマークした翌シーズン、いったいどんなショートプログラムを発表するのだろうかと皆が注視するなか、羽生結弦が繰り出したのが「Let's Go Crazy」のカリスマティックな興奮と熱狂だった。この歌を世に送った伝説的ミュージシャン、プリンスその人を想起させる紫の衣装に身を包んで、圧倒的なオーラで観る者を貫くエキサイティングな演技を見せる。世界初の4回転ループを成功させ、冒頭から満場のテンションを上げると、リンク全体を駆け巡ってロックスターを体現。これだけアップテンポなリズムに一体化できるのは、細かいエッジチェンジやトランジションの技術が誰も真似できないほどの高みに達し、その持てる力を表現に注ぎ込んでいるからこそ。終盤のギターソロに合わせて大きくのけ反って膝をつき、前方に滑り込む羽生結弦の姿はまさにカリスマそのものだ。

Let's Go Crazy

音楽：プリンス
振付：ジェフリー・バトル
シーズン：2016-2017 SP
パーソナルベスト：106.53（2016年グランプリファイナル）

33

オペラ座の怪人

音楽：アンドリュー・ロイド＝ウェバー
振付：シェイ＝リーン・ボーン
シーズン：2014-2015 FS
パーソナルベスト：194.08（2014年グランプリファイナル）

ロイド＝ウェバーの傑作ミュージカル「オペラ座の怪人」は、羽生結弦自身、昔から滑りたいと思い続けていた曲だった。初めて振付を依頼したシェイ＝リーン・ボーンは当初、過去に繰り返し使用されたこの音楽を選ぶことを心配したという。だが、シングル競技でもヴォーカル入り音楽が解禁されたこの年、羽生はまったく新しい怪人を作り上げてみせた。曲は「The Mirror（Angel of Music）」「The Phantom of the Opera」「Point of No Return」「Masquerade」、そして怪人がヒロインへの愛を謳い上げる不朽の名曲「The Music of the Night」を配し、音楽の切り替わる瞬間や曲の盛り上がりにぴたりと合わせて要素を決めていく。まるで羽生結弦という目に見える音楽に酔いしれ、身を委ねるようなひととき──。振付でも片手を仮面のように顔に添えるなど作品のイメージがあふれるが、運命に翻弄されながら雄々しく屹立する怪人の姿を想起させたのは、このシーズンの彼がたどった激動の道のりでもあった。GPカップ・オブ・チャイナでの衝突事故直後に繰り返し転倒しながら滑りきった気迫、NHK杯での不屈の演技、連覇をもぎとったGPファイナル──何度でも立ち上がり、勝利の大望へと進み続ける彼の足取りに、心打たれない者はいなかっただろう。

星降る夜
Notte Stellata（The Swan）

音楽：カミーユ・サン゠サーンス　ヴォーカル：イル・ヴォーロ
振付：デイヴィッド・ウィルソン
シーズン：2017-2018、2016-2017 EX

ロシアを代表するコーチでコリオグラファーのタチアナ・タラソワが、羽生結弦に授けた曲が「Notte Stellata（星降る夜）」。音楽を聴き取る耳の鋭さと、選手の資質を見抜く眼力の確かさで名高いタラソワが選んだ曲だ。振付は羽生結弦をよく知るコリオグラファー、デイヴィッド・ウィルソンの手に託され、ジャンプを2本しか含まない、音楽とスケートとのマリアージュを追究する振付が完成した。天から地上に遣わされた奇跡の存在──そんな気高さを漂わせ、氷になめらかなトレースを描いていく。全身の優美なライン、白鳥のはばたきのようなスピンとハイドロ、美しいイーグル、歓喜をいざなう終盤のジャンプ……彼がたどり着いた芸術性の極みを堪能したいプログラムだ。

花は咲く
音楽：菅野よう子（作曲）、岩井俊二（作詞）　ヴォーカル：指田郁也
振付：阿部奈々美
シーズン：2014-2015　EX

The Final Time Traveler
音楽：坂本英城　ヴォーカル：サラ・オレイン
振付：宮本賢二
シーズン：2014-2015　EX

NHK東日本大震災復興支援ソング「花は咲く」に振付られた。2014年のNHK杯EXで1日だけのスペシャルヴァージョンとして披露され、2016年に盛岡でも別のヴァージョンで滑る機会が。(上、右下)
「The Final Time Traveler」は、阪神淡路大震災を記憶に留めるために作られたゲームの主題歌をもとに、時空を駆ける青年を甘やかに舞った。(左下)

天と地のレクイエム

音楽：松尾泰伸「天と地のレクイエム（3・11東日本大震災鎮魂曲）」
振付：宮本賢二
シーズン：2015-2016 EX

東日本大震災の被災者への鎮魂の曲を滑った特別なプログラム。苦しみや悲しみ、そこから静かな祈りへとエモーショナルに展開していく、静謐さと崇高さを感じさせる作品だ。天空へと祈りの花束を届けるような最後のスピンに続いて、はっと顔を上げて幕切れを迎える、希望を感じさせるラストシーンが胸を打つ。

第 2 章

オリンピック・チャンピオン誕生

パリの散歩道

音楽：ゲイリー・ムーア
振付：ジェフリー・バトル
シーズン：2013-2014、2012-2013 SP
パーソナルベスト：101.45（2014年ソチ・オリンピック）

羽生結弦の代名詞であり、その名を聞いてイメージされるプログラムは、長らくこの「パリの散歩道」だった。ソチ・オリンピックで史上初の100点超えを果たし、金メダルの原動力となった、彼の代表作である。振付のジェフリー・バトルはコリオグラファーとして、その才能を「パリの散歩道」で爆発させた。まだ10代の羽生結弦とゲイリー・ムーアの"泣きのギター"を組み合わせるというその発想、その慧眼。溜めをとって哀愁たっぷりに謳い上げるギターと共鳴し、また対峙するように、のびのびと自分らしく演技をする羽生の姿は、スケートの魅力と楽しさの原点を伝えてあまりある。羽生結弦はこのプログラムを引っ提げて出場した2012年のGP初戦でいきなり世界最高得点を叩き出すと、次戦NHK杯で再び更新、世界一への驀進を開始する。翌年のオリンピックシーズンにも持ち越しを決め、世界最高得点を3たび更新してグランプリファイナル初優勝と、ソチへの王手をかけた。スケーターとしての総合力とプログラムの実力、そして自らたぐり寄せた時の運。すべてが噛み合った結果が、大いなる栄光へと結びついた。片足を曲げ片足を伸ばして横に滑る変形ランジや、右手を高々と上げる最後のポーズは羽生のトレードマークに。

ロミオとジュリエット

音楽：ニーノ・ロータ（映画「ロミオとジュリエット」より）
振付：デイヴィッド・ウィルソン
シーズン：2013-2014 FS
パーソナルベスト：193.41（2013年グランプリファイナル）

震災のあとに滑った「ロミオとジュリエット」は特別な曲だったという羽生結弦は、オリンピックシーズンのフリーに、再び作曲家違いのこの作品を選んだ。白のレースの襟元から腕にかけて色とりどりのジュエルをちりばめた衣装のデザインは、羽生結弦の憧れの選手の1人だったジョニー・ウィアーが「ツィゴイネルワイゼン」の衣装に続いてデザインしたもの。ことに黒の手袋が羽生の指先の繊細な美しさを強調した。シーズンを通して4回転サルコウに苦労し、19歳になって出場したソチ・オリンピックでもミスが出て、金メダルが決まったにも関わらず「悔しい！」とコメントした羽生。だが、そこで終わらせる彼ではなかった。シーズン最後の世界選手権で、4回転サルコウを気合いで着氷し意地を見せ、グランプリファイナル、オリンピック、世界選手権の3冠を達成して、ハッピーエンドで締めくくった。

ノートルダム・ド・パリ

音楽：リシャール・コッシアンテ
振付：デイヴィッド・ウィルソン
シーズン：2012-2013 FS
パーソナルベスト：177.12（2012年グランプリファイナル）

カナダのブライアン・オーサーのもとに拠点を移して初めて迎える
シーズン、羽生結弦は音楽的かつ叙情的な振付で知られるデ
イヴィッド・ウィルソンのプログラムを初めて滑る。「ノートルダム・
ド・パリ」は、1998年にパリで初演されて以来、一大旋風を巻き
起こしたミュージカル。世界中を魅了してやまないナンバーから、
クライマックスの「Danse Mon Esmeralda（踊って僕のエスメラ
ルダ）」をはじめ4曲のメドレーで綴っている。安定感を増してき
た2種類の4回転ジャンプとエッジ遣いの精密さが成長を感じさ
せ、身体語彙の幅が広がったことも、このプログラムの収穫だっ
ただろう。後半、難度の高いジャンプを次々に成功させながらの
人の心をつかむ重厚な表現に、その進境が明らかだ。

ロミオとジュリエット

音楽：クレイグ・アームストロング（映画「ロミオ＋ジュリエット」「ブランケット＆マクレーン」より）
振付：阿部奈々美、ナタリア・ベステミアノワ、イーゴリ・ボブリン
シーズン：2011-2012　FS
パーソナルベスト：173.99（2012年世界選手権）

シニア2年目に滑った「ロミオとジュリエット」は、フィギュアスケーター羽生結弦が秘めていたポテンシャルに見合う、スケールの大きなプログラムだった。荘厳な曲が流れ始めると、冒頭の4トウ、次のイーグルからのトリプルアクセルへの流れで気持ちを一気に高揚させ、曲調が一転すると切ない恋を謳うメロディを丁寧なスケーティングで表現する。その表現の振れ幅、満場を惹きつける華。それらがもっとも発揮されたのがニース世界選手権だった。SP7位からフリーを迎えた彼は、若獅子のような気迫をみなぎらせ、失敗をものともせず、渾身の力を振り絞り結末まで滑りきった。結果は見事銅メダル。17歳、日本男子最年少の若さで世界の表彰台に立った彼は、ここからいよいよ王道を進み始める。その記念碑となったプログラムである。

悲愴
12のエチュード 第12番 嬰ニ短調

音楽：アレクサンドル・スクリャービン　編曲：トルガ・カシフ
振付：阿部奈々美、ナタリア・ベステミアノワ、イーゴリ・ボブリン
シーズン：2011-2012 SP
パーソナルベスト：82.78（2011年ロステレコム・カップ）

スクリャービン作曲「悲愴」のオーケストラ演奏版を用いた。重々しくも感情を昂ぶらせる旋律に、彼のもつドラマティックな側面がこのうえなく引き立てられている。この年2011年3月、東日本大震災により練習リンクを失った羽生結弦は、その後の数ヵ月、手を差し伸べたアイスショーや各地のリンクを転々としながら練習時間を確保した。白からブルー、濃紺へとグラデーションになった衣装で舞うその姿には、図らずも彼の経験した苦悩が溶かし込まれているかのように感じられ、それが感動を倍加させることになった。SPで初めて組み入れた4回転トウループをはじめとするジャンプに加え、多彩なバレエジャンプやステップでの上下動など、空間を立体的に使った表現においても新境地を開いたプログラムである。

ツィゴイネルワイゼン

音楽：パブロ・デ・サラサーテ
振付：阿部奈々美
シーズン：2010-2011 FS
パーソナルベスト：151.58（2011年四大陸選手権）

15歳でシニアグランプリに初出場したNHK杯で、試合で初めて4回転トウループを決める幸先のよいスタートを切ったのがこのプログラム。ヴァイオリンの超絶技巧曲として有名な音楽に、全身の大きな動きと目を見張るスピード、畳み掛けるようなステップワークで呼応していく。ハンガリーの民族舞踊チャルダーシュを思わせる動きなど、見ごたえのある振付が詰め込まれている。あまりの密度の濃さに、プログラム後半ではスタミナに苦しむこともあったほどに要求水準の高い振付だが、それが成長に寄与したのだろう。1試合ごとに急速に進化を遂げ、毎回観る者を驚かせた。

ホワイト・レジェンド

音楽：ピョートル・チャイコフスキー（バレエ「白鳥の湖」より）　編曲：川井郁子
振付：阿部奈々美
シーズン：2010-2011　SP
パーソナルベスト：76.43（2011年四大陸選手権）

原曲「白鳥の湖」をモチーフに、冒頭の白鳥が
はばたくような動きが印象的。神秘的な笛の
響きに導かれて、しなやかなムーヴメントを
綴っていく。注目すべきはその軸の美しさ。深
く傾斜したブレードに重心が乗り、エッジか
ら頭を結ぶ直線の軸がすこやかに天へと抜け
ていく。バレエではこの軸を「アプロン」と呼
んで尊ぶが、その素直にまっすぐ通った軸の
美しさとコントロールは比類なく、「軸とタイミ
ング」で跳ぶ羽生結弦のジャンプの淵源をも
確認させてくれる。

ヴァーティゴ

音楽：U2
振付：阿部奈々美
シーズン：2010-2011　EX

U2の楽曲にのってパワフルに滑るプログラム。不敵な笑みと色気に満ちた仕草、さらにハイドロブレーディングで観客に熱狂を巻き起こし、そのスター性をいかんなく発揮。この後「パリの散歩道」「Let's Go Crazy」へと引き継がれていく、羽生結弦のロックとの高い親和性の原点となった作品だ。シニアデビューの年に滑ったほか、その後何度か復活させており、その年齢ごとの魅力を感じさせている。

がもともとは時代劇の主題歌として「音楽と生きる力」をテーマに書き下ろした曲だ。困難を乗り越えて、花を咲かせようというメッセージ性の強いプログラムで、羽生結弦は歌詞を口ずさみながら、1つ1つの言葉の意味を噛みしめるように滑る。回を重ねるたび、復興への想いがあふれ、感動が心に染みわたる。

花になれ

音楽：指田郁也
振付：宮本賢二
シーズン：2012-2013 EX

2012年秋にアイスショー「ファンタジー・オン・アイス」のコラボレーションとして誕生。シンガーソングライターの指田郁也

Somebody To Love（左上）
音楽：ジャスティン・ビーバー
（「Somebody To Love Remix ft. Usher」より）
振付：阿部奈々美
シーズン：2011-2012　EX

Hello, I Love You（右上）
音楽：The Doors
振付：カート・ブラウニング
シーズン：2012-2013　EX

Story（左）
音楽：AI（作詞）、2SOUL（作曲）
振付：宮本賢二
シーズン：2013-2014　EX

第 3 章

ジュニアの世界王者へ

パガニーニの主題による狂詩曲

音楽：セルゲイ・ラフマニノフ
振付：阿部奈々美
シーズン：2009-2010、2008-2009 FS
パーソナルベスト：147.35（2010年世界ジュニア選手権）

世界ジュニア選手権で見事な優勝を果たし、満開の笑顔を咲かせたフリー「パガニーニの主題による狂詩曲」。孤高の天才ヴァイオリニスト・パガニーニをテーマに作曲されたラフマニノフの代表曲のひとつで、プログラムの冒頭で指揮者のような動きがあしらわれ、美しいトリプルアクセルへと至る。氷面ぎりぎりまで重心を下げ、腕にも動きをつけたシットスピンなど、トレードマークとなる要素もこのころから完成されている。

ミッション：インポッシブル2

音楽：ハンス・ジマー（映画「ミッション：インポッシブル2」より「ザ・ベイト」「ベア・アイランド」）
振付：阿部奈々美
シーズン：2009-2010　SP
パーソナルベスト：70.78（2009年ジュニアグランプリ　クロアチア・カップ）

壮大な曲調からおなじみの「ミッション：インポッシブル」のテーマへ、アクション映画のイメージそのままに圧倒的なスピードで駆け抜ける。力強さ、若々しさ、メリハリの利いたアピール、すべてを備えた演技で心をつかんだ。質のいいジャンプ、興味深い振付、ビールマンをはじめ多彩なポジションのスピンなど、その年齢で望みうる最高の内容を備えたプログラムだ。ラストシーンの挑戦的なまなざしが心に残る。

ボレロ

音楽：スティーヴ・シャープルズ（映画「ムーラン・ルージュ」より）
振付：阿部奈々美
シーズン：2008-2009　SP
パーソナルベスト：58.18（2009年世界ジュニア選手権）

ほっそりとした全身を包む、黒地にクリスタルが放射状にきらめくコスチュームがよく似合い、洒落た音楽とともに鮮烈な印象を与えた。映画「ムーラン・ルージュ」のなかでも、「ボレロ」はテンポと曲調がグラデーションのように変化していく難曲。音楽のポイントを押さえながら、トリプルアクセルをはじめ難要素に挑んだ構成で全日本ジュニアチャンピオンに。

火の鳥

音楽：イーゴリ・ストラヴィンスキー
振付：阿部奈々美
シーズン：2007-2008　FS
パーソナルベスト（参考記録）：111.47（2007年全日本ジュニア選手権）

全日本ノービスAで優勝、全日本ジュニアに推薦を得て出場し、ジュニアに混じって3位に入って、「羽生結弦ここにあり」と強い印象を与えたシーズンに滑った。「火の鳥」は20世紀初頭、無名だったストラヴィンスキーがパリにデビューし、華々しい成功を収めた音楽。清新さと時代を先取りする斬新さをたたえた力強い旋律が、羽生結弦のデビューイヤーを彩った。同郷の荒川静香に憧れて取り入れたイナバウアーや、鳥のイメージを映したラインの、はっとする美しさが光る。

シング・シング・シング

音楽：ルイ・プリマ
振付：阿部奈々美
シーズン：2007-2008　SP
パーソナルベスト（参考記録）：49.55（2007年全日本ジュニア選手権）

スウィングジャズの名曲に乗せたプログラム。中学1年生で滑った作品だが、観客を引き込む求心力、細くしなやかな身体の抜群のコントロール、スウィングのオフビートなリズムを少しも外さずむしろ音をリードしていくかのような音感、それら今も変わらない羽生結弦の美点が余すところなく現れた、みずみずしくも魅力的なプログラムである。

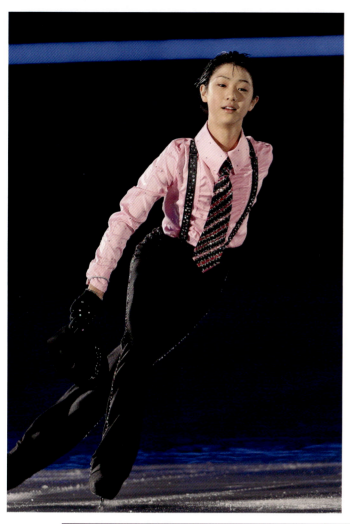

サマーストーム

音楽：アントニオ・ヴィヴァルディ「四季」より"夏"
編曲：川井郁子
振付：関徳武
シーズン：2006-2007　FS
パーソナルベスト（参考記録）：90.16（2006年全日本ジュニア選手権）

2006年全日本ジュニアに小学6年生で出場した年に、ヴィヴァルディ「四季」より"夏"をヴァイオリニスト川井郁子が現代風にアレンジした音楽で滑った。軽妙な演奏に、足元のクリアな動きがよく合う。各エレメンツに集中するあまり演技が途切れるようなことが一切なく、音楽の流れに乗ったなめらかなスケーティング。その天性の音楽性と豊かな感受性が、クラシックの純粋さを着こなせる所以だろう。

Amazonic／死の舞踏

音楽：マキシム／フランツ・リスト
振付：関徳武
シーズン：2006-2007　SP
パーソナルベスト（参考記録）：48.79
（2007年ムラドスト・トロフィー）

リストの「死の舞踏」に思いきった編曲を施したピアニストのマキシムによる音源。そのロック風にビートの利いたアレンジは、音を的確につかんでグルーヴ感を増幅する才能に長けた羽生結弦にぴったりと合う。音にジャストで合わせきった変形バレエジャンプやツイズルなど、音とスケートの相乗効果で観る者にカタルシスを与えてくれるプログラムだ。

ロシアより愛をこめて

音楽：ジョン・バリー（映画「007 ロシアより愛をこめて」より）
振付：都築章一郎
シーズン：2005-2006、2004-2005 FS
パーソナルベスト（参考記録）：67.44（2005年全日本ノービス選手権）

全日本ノービスBで初優勝したシーズンとその翌年に滑った、コサック風の曲調変化が印象的な曲。1つのプログラムだけで試合を行うノービスはいわば一発勝負だが、全日本ノービスの試合でも「絶対勝てる」と思って臨んだといい、緊張をはねのける勝負強さ、そして1つ1つのポジションを保ったまま伸びる基礎に忠実なスケーティングが、大器の片鱗を見せてあまりある。

Change

音楽：MONKEY MAJIK+ 吉田兄弟
振付：阿部奈々美
シーズン：2009-2010、2008-2009　EX

津軽三味線の吉田兄弟と仙台在住の多国籍バンドMONKEY MAJIKがコラボした楽曲「Change」に振付けられたEXプログラム。三味線の軽快な響きにのって"見得を切る"ような動きは、中学生という年齢だからこその清冽な魅力を放つ。中盤のラップパートではヒップホップも披露。のちに、仙台で行われたソチ・オリンピック凱旋公演「Together on Ice」(2014)でMONKEY MAJIKとの共演にてリバイバルした際の攻めた演技も忘れがたい。

おもな戦績

シーズン	日付	大会名	開催地	TFP	SP	FS	順位
2004-2005	10/1-3	東北・北海道選手権	宮城・仙台	1.0			1（ノービスB）
	10/23-24	第8回全日本ノービス選手権	東京・新宿	1.0			1（ノービスB）
	12/10-12	タンペレ国際フィギュアスケート競技会	フィンランド・タンペレ	1.5	1	1	1（ノービスA）
	3/28-29	アジアノービス選手権	香港・香港	6.0	4	4	4
2005-2006	10/8-10	東北・北海道選手権	北海道・札幌			1(50.26)	1（ノービスB）
	10/29-30	第9回全日本ノービス選手権	埼玉・川越			2(67.44)	2（ノービスB）
	3/28-30	アジアノービス選手権	香港・香港	エキシビション選手として参加			
2006-2007	10/28-29	第10回全日本ノービス選手権	岡山・倉敷			3(71.03)	3（ノービスA）
	11/25-26	第75回全日本ジュニア選手権	広島・広島		18(38.80)	4(90.16)	7(128.96)
	3/30-4/1	第36回北日本競技大会	宮城・黒川		1(45.99)	1(88.08)	1(134.07)／ジュニア
	4/25-28	第13回ムラドスト・トロフィー	クロアチア・ザグレブ		1(48.79)	2(85.70)	1(134.49)／ノービス
2007-2008	10/5-7	東北・北海道選手権	北海道・札幌			1(84.31)	1（ノービスA）
	10/27-28	第11回全日本ノービス選手権	青森・八戸			1(103.87)	1（ノービスA）
	11/24-25	第76回全日本ジュニア選手権	宮城・仙台		7(49.55)	1(111.47)	3(161.02)
	12/8	東北中学校スケート・アイスホッケー競技大会	宮城・黒川	0.5			1（中学男子A）
	12/9	第37回東北スケート競技選手権	宮城・黒川	1.0			1（少年男子A）
	2/1-4	第28回全国中学校スケート大会	長野・長野	0.5			1（男子Aクラス）
	3/27-30	スケート・コペンハーゲン	デンマーク・コペンハーゲン		1(54.00)	1(94.90)	1(148.90)／ノービス
2008-2009	9/4-6	ジュニアグランプリ・メラーノ大会	イタリア・メラーノ		6(51.06)	4(95.62)	5(146.68)
	10/11-13	東北・北海道選手権	青森・八戸		1(50.79)	1(113.93)	1(164.72)／ジュニア
	11/1-3	第25回東日本ジュニア選手権	北海道・札幌		1(56.62)	1(105.35)	1(161.97)
	11/23-24	第77回全日本ジュニア選手権	愛知・名古屋		4(57.25)	1(124.92)	1(182.17)
	12/25-27	第77回全日本選手権	長野・長野		8(64.50)	5(117.15)	8(181.65)
	2/4-6	第29回全国中学校スケート大会	長野・長野		1(58.09)		1（男子Aクラス）
	2/24-3/1	世界ジュニア選手権	ブルガリア・ソフィア		11(58.18)	13(103.59)	12(161.77)
	3/27-29	第38回北日本競技大会	岩手・盛岡		1(62.40)	1(125.52)	1(187.92)
2009-2010	9/10-12	ジュニアグランプリ・トルンカップ	ポーランド・トルン		1(66.77)	1(131.88)	1(198.65)
	9/25-27	東北・北海道選手権	青森・八戸		1(65.75)	1(123.77)	1(189.52)／ジュニア
	10/8-10	ジュニアグランプリ・クロアチアカップ	クロアチア・ザグレブ		1(70.78)	1(130.37)	1(201.15)
	10/30-11/1	第26回東日本ジュニア選手権	栃木・ひたちなか		1(65.24)	1(137.05)	1(202.29)
	11/21-23	第78回全日本ジュニア選手権	神奈川・横浜		1(76.00)	2(118.15)	1(194.15)
	12/3-6	ジュニアグランプリファイナル	東京・代々木		3(69.85)	1(136.92)	1(206.77)
	12/25-27	第78回全日本選手権	大阪・門真		13(57.99)	5(137.23)	6(195.22)
	1/29-2/1	第30回全国中学校スケート大会	長野・長野		1(73.20)		1（男子Aクラス）
	3/9-13	世界ジュニア選手権	オランダ・ハーグ		3(68.75)	1(147.35)	1(216.10)
2010-2011	10/22-24	GP NHK杯	愛知・名古屋		5(69.31)	4(138.41)	4(207.72)
	11/4-7	第36回東日本選手権	青森・八戸		1(77.25)	1(163.47)	1(240.72)
	11/19-21	GP カップ・オブ・ロシア	ロシア・モスクワ		6(70.24)	6(132.42)	7(202.66)
	12/23-26	第79回全日本選手権	長野・長野		2(78.94)	4(141.12)	4(220.06)
	2/17-20	四大陸選手権	台湾・台北		3(76.43)	3(151.58)	2(228.01)
2011-2012	9/22-24	ネーベルホルン・トロフィー	ドイツ・オーベルストドルフ		1(75.26)	1(151.00)	1(226.26)
	10/14-16	東北・北海道選手権	青森・八戸		1(88.06)	1(150.77)	1(238.83)
	11/4-6	GP カップ・オブ・チャイナ	中国・上海		2(81.37)	4(145.16)	4(226.53)
	11/25-27	GP ロステレコム・カップ	ロシア・モスクワ		2(82.78)	2(158.88)	1(241.66)
	12/8-11	グランプリファイナル	カナダ・ケベックシティ		4(79.33)	3(166.49)	4(245.82)
	12/22-25	第80回全日本選手権	大阪・門真		4(74.32)	1(167.59)	3(241.91)
	3/26-4/1	世界選手権	フランス・ニース		7(77.07)	2(173.99)	3(251.06)
2012-2013	10/5-7	フィンランディア・トロフィー	フィンランド・エスポー		2(75.57)	1(172.56)	1(248.13)
	10/19-21	GP スケートアメリカ	アメリカ・シアトル		1(95.07)	3(148.67)	2(243.74)
	11/23-25	GP NHK杯	宮城・仙台		1(95.32)	1(165.71)	1(261.03)
	12/6-9	グランプリファイナル	ロシア・ソチ		3(87.17)	2(177.12)	2(264.29)
	12/20-23	第81回全日本選手権	北海道・札幌		1(97.68)	2(187.55)	1(285.23)
	2/8-11	四大陸選手権	大阪・大阪		1(87.65)	3(158.73)	2(246.38)
	3/13-17	世界選手権	カナダ・ロンドン		9(75.94)	3(169.05)	4(244.99)
2013-2014	10/4-6	フィンランディア・トロフィー	フィンランド・エスポー		1(84.66)	1(180.93)	1(265.59)
	10/25-27	GP スケートカナダ	カナダ・セントジョン		3(80.40)	2(154.40)	2(234.80)
	11/15-17	GP トロフィー・エリック・ボンパール	フランス・パリ		2(95.37)	2(168.22)	2(263.59)
	12/5-8	グランプリファイナル	福岡・福岡		1(99.84)	1(193.41)	1(293.25)
	12/20-23	第82回全日本選手権	埼玉・さいたま		1(103.10)	1(194.70)	1(297.80)
	2/6-23	ソチ冬季オリンピック（団体）	ロシア・ソチ		1(97.98)		5(チーム日本)
	2/6-23	ソチ冬季オリンピック	ロシア・ソチ		1(101.45)	1(178.64)	1(280.09)
	3/26-30	世界選手権	埼玉・さいたま		3(91.24)	1(191.35)	1(282.59)
2014-2015	11/7-9	GP カップ・オブ・チャイナ	中国・上海		2(82.95)	2(154.60)	2(237.55)
	11/28-30	GP NHK杯	大阪・門真		5(78.01)	3(151.79)	4(229.80)
	12/11-14	グランプリファイナル	スペイン・バルセロナ		1(94.08)	1(194.08)	1(288.16)
	12/25-28	第83回全日本選手権	長野・長野		1(94.36)	1(192.50)	1(286.86)
	3/25-29	世界選手権	中国・上海		1(95.20)	3(175.88)	2(271.08)
	4/16-19	世界国別対抗戦	東京・代々木		1(96.27)	1(192.31)	3(チーム日本)
2015-2016	10/13-15	オータム・クラシック・インターナショナル	カナダ・バリー		1(93.14)	1(184.05)	1(277.19)
	10/30-11/1	GP スケートカナダ	カナダ・レスブリッジ		6(73.25)	2(186.29)	2(259.54)
	11/27-29	GP NHK杯	長野・長野		1(106.33)	1(216.07)	1(322.40)
	12/10-13	グランプリファイナル	スペイン・バルセロナ		1(110.95)	1(219.48)	1(330.43)
	12/24-27	第84回全日本選手権	北海道・札幌		1(102.63)	1(183.73)	1(286.36)
	3/30-4/3	世界選手権	アメリカ・ボストン		1(110.56)	2(184.61)	2(295.17)
2016-2017	9/29-10/1	CS オータム・クラシック・インターナショナル	カナダ・モントリオール		1(88.30)	1(172.27)	1(260.57)
	10/28-30	GP スケートカナダ	カナダ・ミシソーガ		4(79.65)	1(183.41)	2(263.06)
	11/25-27	GP NHK杯	北海道・札幌		1(103.89)	1(197.58)	1(301.47)
	12/8-11	グランプリファイナル	フランス・マルセイユ		1(106.53)	3(187.37)	1(293.90)
	2/16-19	四大陸選手権	韓国・江陵		3(97.04)	1(206.67)	2(303.71)
	3/29-4/2	世界選手権	フィンランド・ヘルシンキ		5(98.39)	1(223.20)	1(321.59)
	4/20-23	世界国別対抗戦	東京・代々木		7(83.51)	1(200.49)	1(チーム日本)
2017-2018	9/21-23	CS オータム・クラシック・インターナショナル	カナダ・モントリオール		1(112.72)	5(155.52)	2(268.24)
	10/20-22	GP ロステレコム・カップ	ロシア・モスクワ		2(94.85)	1(195.92)	2(290.77)
	2/9-25	平昌冬季オリンピック	韓国・平昌／江陵		1(111.68)	2(206.17)	1(317.85)

GP＝グランプリシリーズ　CS＝チャレンジャーシリーズ

おもなプログラム曲目リスト

シーズン		演目名	音楽	振付
2017-2018	SP	ショパン バラード第 1 番	フレデリック・ショパン	ジェフリー・バトル
	FS	SEIMEI	梅林茂（映画「陰陽師」、「陰陽師II」より）	シェイ=リーン・ボーン
	EX	星降る夜 Notte Stellata (The Swan)	カミーユ・サン=サーンス ヴォーカル：イル・ヴォーロ	デイヴィッド・ウィルソン
2016-2017	SP	Let's Go Crazy	プリンス	ジェフリー・バトル
	FS	Hope & Legacy	久石譲（「View of Silence」「Asian Dream Song」より）	シェイ=リーン・ボーン
	EX	星降る夜 Notte Stellata (The Swan)	カミーユ・サン=サーンス ヴォーカル：イル・ヴォーロ	デイヴィッド・ウィルソン
2015-2016	SP	ショパン バラード第 1 番	フレデリック・ショパン	ジェフリー・バトル
	FS	SEIMEI	梅林茂（映画「陰陽師」、「陰陽師II」より）	シェイ=リーン・ボーン
	EX	天と地のレクイエム	松尾泰伸（「天と地のレクイエム（3・11 東日本大震災鎮魂曲）」より）	宮本賢二
2014-2015	SP	ショパン バラード第 1 番	フレデリック・ショパン	ジェフリー・バトル
	FS	オペラ座の怪人	アンドリュー・ロイド=ウェバー	シェイ=リーン・ボーン
	EX	花は咲く	菅野よう子（作曲）、岩井俊二（作詞）　ヴォーカル：指田郁也	阿部奈々美
	EX	The Final Time Traveler	坂本英城　ヴォーカル：サラ・オレイン	宮本賢二
2013-2014	SP	パリの散歩道	ゲイリー・ムーア	ジェフリー・バトル
	FS	ロミオとジュリエット	ニーノ・ロータ（映画「ロミオとジュリエット」より）	デイヴィッド・ウィルソン
	EX	Story	2SOUL（作曲）、AI（作詞）　ヴォーカル：AI	宮本賢二
2012-2013	SP	パリの散歩道	ゲイリー・ムーア	ジェフリー・バトル
	FS	ノートルダム・ド・パリ	リシャール・コッシアンテ	デイヴィッド・ウィルソン
	EX	Hello, I Love You	The Doors	カート・ブラウニング
	EX	花になれ	指田郁也	宮本賢二
2011-2012	SP	悲愴 12 のエチュード第 12 番 嬰ニ短調	アレクサンドル・スクリャービン 編曲：トルガ・カシフ	阿部奈々美、ナタリア・ベステミアノワ、 イーゴリ・ボブリン
	FS	ロミオとジュリエット	クレイグ・アームストロング （映画「ロミオ+ジュリエット」「ブランケット&マクレーン」より）	阿部奈々美、ナタリア・ベステミアノワ、 イーゴリ・ボブリン
	EX	Somebody To Love	ジャスティン・ビーバー （「Somebody To Love Remix ft. Usher」より）	阿部奈々美
2010-2011	SP	ホワイト・レジェンド	ピョートル・チャイコフスキー（バレエ「白鳥の湖」より） 編曲：川井郁子	阿部奈々美
	FS	ツィゴイネルワイゼン	パブロ・デ・サラサーテ	阿部奈々美
	EX	ヴァーティゴ	U2	阿部奈々美
2009-2010	SP	ミッション：インポッシブル 2	ハンス・ジマー（映画「ミッション：インポッシブル2」より）	阿部奈々美
	FS	パガニーニの主題による狂詩曲	セルゲイ・ラフマニノフ	阿部奈々美
	EX	Change	MONKEY MAJIK+ 吉田兄弟	阿部奈々美
2008-2009	SP	ボレロ	スティーヴ・シャープルズ（映画「ムーラン・ルージュ」より）	阿部奈々美
	FS	パガニーニの主題による狂詩曲	セルゲイ・ラフマニノフ	阿部奈々美
	EX	Change	MONKEY MAJIK+ 吉田兄弟	阿部奈々美
2007-2008	SP	シング・シング・シング	ルイ・プリマ	阿部奈々美
	FS	火の鳥	イーゴリ・ストラヴィンスキー	阿部奈々美
2006-2007	SP	Amazonic ／死の舞踏	マキシム／フランツ・リスト	関徳武
	FS	サマーストーム	アントニオ・ヴィヴァルディ（「四季」より “夏”）編曲：川井郁子	関徳武
2005-2006	FS	ロシアより愛をこめて	ジョン・バリー（映画「007 ロシアより愛をこめて」より）	都築章一郎
2004-2005	SP	スパルタカス	アレックス・ノース（映画「スパルタカス」より）	都築章一郎
	FS	ロシアより愛をこめて	ジョン・バリー（映画「007 ロシアより愛をこめて」より）	都築章一郎

掲載写真リスト

表紙　「SEIMEI」2018 年平昌オリンピック FS
扉　「ショパン バラード第 1 番」2018 年平昌オリンピック SP
P2　「Hope & Legacy」長野オリンピック・パラリンピック 20 周年記念事業
　　Heroes & Future 2018 in NAGANO

第 1 章

P5　2018 年平昌オリンピックの金メダルを手に Ⓢ
P6　「SEIMEI」2018 年平昌オリンピック FS
P8　「SEIMEI」2018 年平昌オリンピック FS
P9　「SEIMEI」2018 年平昌オリンピック FS
P10　3 点とも：「SEIMEI」2018 年平昌オリンピック FS
P11　2018 年平昌オリンピック FS 直後のセレモニーにて
P12　「SEIMEI」2015 年 NHK 杯 FS
P13　「SEIMEI」左上：2016 年世界選手権 FS
　　上右、左下、右下：2015 年グランプリファイナル FS
P14　「ショパン バラード第 1 番」2018 年平昌オリンピック SP
P15　「ショパン バラード第 1 番」2018 年平昌オリンピック SP
P16　「ショパン バラード第 1 番」2018 年平昌オリンピック SP
P17　「ショパン バラード第 1 番」2018 年平昌オリンピック SP
P18　「ショパン バラード第 1 番」2018 年平昌オリンピック SP
P19　「ショパン バラード第 1 番」2018 年平昌オリンピック SP
P20　「ショパン バラード第 1 番」2015 年グランプリファイナル SP
P21　「ショパン バラード第 1 番」2015 年グランプリファイナル SP
P22　「ショパン バラード第 1 番」2014 年全日本選手権 SP
P23　「ショパン バラード第 1 番」右上：2016 年世界選手権 SP
　　左：2014 年カップ・オブ・チャイナ SP
　　右下：2015 年グランプリファイナル SP
P24　「Hope & Legacy」2016 年スケートカナダ FS
P26　「Hope & Legacy」2016 年スケートカナダ FS
P27　「Hope & Legacy」2016 年スケートカナダ FS
P28　「Hope & Legacy」2017 年世界選手権 FS
P29　「Hope & Legacy」2017 年世界選手権 FS
P30　「Hope & Legacy」2016 年 NHK 杯 FS
P31　「Hope & Legacy」2016 年 NHK 杯 FS
P32　「Let's Go Crazy」2016 年 NHK 杯 SP
P33　「Let's Go Crazy」2017 年四大陸選手権 SP
P34　「Let's Go Crazy」2016 年 NHK 杯 SP
P35　「Let's Go Crazy」2017 年世界選手権 SP
P36　「Let's Go Crazy」2017 年世界選手権 SP
P37　「Let's Go Crazy」2016 年スケートカナダ SP
P38　「オペラ座の怪人」2014 年 NHK 杯 FS
P39　「オペラ座の怪人」2014 年グランプリファイナル FS
P40　「オペラ座の怪人」2015 年世界選手権 FS
P42　「オペラ座の怪人」2014 年 NHK 杯 FS
P43　「星降る夜 Notte Stellata（The Swan）」2016 年グランプリファイナル EX
P44　「星降る夜 Notte Stellata（The Swan）」2018 年平昌オリンピック EX
P46　「星降る夜 Notte Stellata（The Swan）」2017 年世界選手権 EX
P47　左下「The Final Time Traveler」2014 年グランプリファイナル EX
　　右上、左下「花は咲く」2 点とも：2014 年 NHK 杯 EX
P48　「天と地のレクイエム」2015 年グランプリファイナル EX

第 2 章

P49　2014 年ソチ・オリンピックの金メダルを手に
P50　2014 年ソチ・オリンピックのメダルセレモニーにて
P51　「パリの散歩道」2014 年ソチ・オリンピック SP
P52　「パリの散歩道」2014 年ソチ・オリンピック SP
P54　「パリの散歩道」2 点とも：2014 年ソチ・オリンピック SP
P55　「パリの散歩道」2014 年ソチ・オリンピック SP
P56　「パリの散歩道」2014 年世界選手権 SP
P57　「パリの散歩道」左上：2012 年スケートアメリカ SP
　　右上：2012 年 NHK 杯 SP　左下：2012 年グランプリファイナル SP
　　右下：2013 年四大陸選手権 SP
P58　「パリの散歩道」2013 年四大陸選手権 SP
P60　「パリの散歩道」2012 年グランプリファイナル SP
P61　「パリの散歩道」2012 年グランプリファイナル SP
P62　「ロミオとジュリエット」2014 年ソチ・オリンピック FS
P63　「ロミオとジュリエット」2014 年ソチ・オリンピック FS
P64　「ロミオとジュリエット」2014 年ソチ・オリンピック FS
P65　「ロミオとジュリエット」3 点とも：2014 年ソチ・オリンピック FS
P66　「ロミオとジュリエット」2014 年世界選手権 FS
P67　「ロミオとジュリエット」左上：2013 年全日本選手権 FS
　　右上：2014 年世界選手権 FS　左下：2013 年グランプリファイナル FS
　　右下：2013 年全日本選手権 FS
P68　「ノートルダム・ド・パリ」2012 年 NHK 杯 FS
P70　「ノートルダム・ド・パリ」2013 年世界選手権 FS
P71　「ノートルダム・ド・パリ」2012 年スケートアメリカ FS

P72　「ノートルダム・ド・パリ」上：2013 年世界選手権 FS
　　左下、右下：2012 年 NHK 杯 FS
P73　「ノートルダム・ド・パリ」上：2012 年グランプリファイナル FS
　　左下、右下：2012 年 NHK 杯 FS
P74　「ロミオとジュリエット」2012 年世界選手権 FS
P75　「ロミオとジュリエット」2011 年グランプリファイナル FS
P76　「ロミオとジュリエット」2011 年全日本選手権 FS
P78　「ロミオとジュリエット」2011 年グランプリファイナル FS
P79　「ロミオとジュリエット」2011 年ロステレコム・カップ FS
P80　「ロミオとジュリエット」2011 年グランプリファイナル FS
P81　「ロミオとジュリエット」上、左下：2012 年世界選手権 FS
　　右下：2012 年世界選手権で初めてメダルを獲得
P82　「悲愴」2011 年ロステレコ・カップ SP
P83　「悲愴」2011 年ロステレコ・カップ SP
P84　「悲愴」2011 年全日本選手権 SP
P85　「悲愴」2012 年世界選手権 SP
P86　「ツィゴイネルワイゼン」2010 年ロステレコム・カップ FS
P87　「ツィゴイネルワイゼン」2010 年全日本選手権 FS
P88　「ツィゴイネルワイゼン」左：2010 年全日本選手権 FS
　　右上：2010 年ロステレコム・カップ FS　右下：2011 年四大陸選手権 FS
P89　「ツィゴイネルワイゼン」2011 年四大陸選手権 FS
P90　「ホワイト・レジェンド」2010 年ロステレコ・カップ SP
P91　「ホワイト・レジェンド」2010 年 NHK 杯 SP
P92　「ホワイト・レジェンド」上：2010 年ロステレコ・カップ SP
　　左下：2010 年 NHK 杯 SP　右下：2010 年全日本選手権 SP
P93　「ホワイト・レジェンド」2010 年全日本選手権 SP
P94　「ヴァーティゴ」2011 年四大陸選手権 EX
P95　「ヴァーティゴ」上：2010 年オールジャパン メダリスト・オン・アイス
　　下：2011 年四大陸選手権 EX
P96　「花になれ」2012 年 N H K 杯 EX
P97　「花になれ」2012 年 NHK 杯 EX
P98　「花になれ」上：2012 年 NHK 杯 EX
　　下：2012 年オールジャパン メダリスト・オン・アイス
P99　「花になれ」2012 年 NHK 杯 EX
P100　左上「Somebody To Love」2011 年ロステレコ・カップ EX
　　右上「Hello, I Love You」2012 年スケートアメリカ EX
　　左下「Story」2013 年ファンタジー・オン・アイス福岡公演

第 3 章

P101　「パガニーニの主題による狂詩曲」2009 年ジュニアグランプリファイナル
　　FS
P102　「パガニーニの主題による狂詩曲」2010 年世界ジュニア選手権 FS
P103　「パガニーニの主題による狂詩曲」2009 年世界ジュニア選手権 FS
P104　「パガニーニの主題による狂詩曲」2009 年全日本選手権 FS
P105　「パガニーニの主題による狂詩曲」左上：2009 年ジュニアグランプリファイ
　　ナル FS　右上：2009 年ジュニアグランプリファイナルで優勝
　　左下：2010 年世界ジュニア選手権で優勝　右下：2010 年世界ジュニア選
　　手権 FS
P106　「パガニーニの主題による狂詩曲」2009 年全日本ジュニア選手権 FS Ⓜ
P107　「ミッション：インポッシブル2」2010 年世界ジュニア選手権 SP
P108　「ミッション：インポッシブル2」2009 年全日本ジュニア選手権 SP
P109　「ミッション：インポッシブル2」2 点とも：2009 年ドリーム・オン・アイス
P110　「ボレロ」2008 年全日本選手権 SP
P111　「ボレロ」2 点とも：2008 年ドリーム・オン・アイス
P112　「火の鳥」2 点とも：2007 年全日本ジュニア選手権 FS
P113　「火の鳥」2007 年全日本ジュニア選手権 FS
P114　「シング・シング・シング」左上：2007 年全日本ジュニア選手権 SP
　　右下：2007 年全日本ジュニア選手権 SP Ⓝ
P115　「シング・シング・シング」右上、下：2007 年オールジャパン メダリスト・オ
　　ン・アイス　左上：2008 年ジャパンスーパーチャレンジ
P116　「サマーストーム」左上：2006 年全日本ジュニア選手権 FS Ⓜ
　　右上：2006 年全日本ジュニア選手権 FS
　　右下：2006 年全日本ノービス選手権 FS Ⓜ
P117　「Amazonic ／死の舞踏」右上：2006 年全日本ジュニア選手権 SP
　　左下：2006 年全日本ジュニア選手権 SP Ⓝ
P118　「ロシアより愛をこめて」左上：2005 年全日本ノービス選手権 FS Ⓝ
　　右下：2005 年全日本ノービス選手権 FS
P119　「ロシアより愛をこめて」3 点とも：2004 年全日本ノービス選手権 FS Ⓝ
P120　「Change」2008 年オールジャパン メダリスト・オン・アイス
P121　「Change」2008 年オールジャパン メダリスト・オン・アイス
P122　「Change」2009 年オールジャパン メダリスト・オン・アイス
P123　「Change」2010 年世界ジュニア選手権 EX

P124　2017 年練習拠点のクリケットクラブにて

写真：無印＝ジャパンスポーツ、Ⓜ＝森田正美、Ⓝ＝中村康一（Image Works）、Ⓢ＝新書館

羽生結弦
Yuzuru Hanyu

1994年12月7日、宮城県仙台市出身。2014年ソチ・オリンピック、2018年平昌オリンピックで2大会連続金メダル。世界選手権2回、グランプリファイナル4回、全日本選手権4回の優勝を誇る。4歳でスケートを始めた。2009年ジュニアグランプリファイナルで史上最年少の14歳で優勝。2010年世界ジュニア選手権優勝。2011年ロステレコム・カップでグランプリシリーズ初勝利。2011年3月11日、地元仙台での練習中に東日本大震災が発生し自身も被災。アイスショー出演と各地のリンクを転々としながら練習を続けた。2012年世界選手権ではSP7位から逆転で銅メダルを獲得。2012年グランプリ2戦でSPの世界最高得点を立て続けに更新、同年全日本選手権初優勝。2013年グランプリファイナルでSPの世界最高得点を更新して初優勝。以降、SP最高得点を保持し続ける。2014年ソチ・オリンピックのSPで史上初の100点超えを果たし、歴代2番目の若さである19歳でアジア男子初の金メダルに輝いた。さらに2014年世界選手権で初優勝し3冠を達成。2015年NHK杯で史上初の300点超えを果たして優勝すると、翌月のグランプリファイナルで330.43点という大記録を樹立。2015年全日本選手権4連覇。2016年オータム・クラシック・インターナショナルで史上初の4回転ループを成功。2016年グランプリファイナルで4連覇を成し遂げた。2017年世界選手権でフリーの世界最高得点を塗り替えて2度目の優勝。2017年オータム・クラシック・インターナショナルでSPの世界最高得点7度目の更新。2017年NHK杯の公式練習中に右足を負傷して棄権し、休養に入る。2018年2月、3ヵ月ぶりに実戦復帰した平昌オリンピックで、66年ぶりの男子シングル2連覇という偉業を達成した。2018年7月、フィギュアスケート選手初の国民栄誉賞を受賞。

写　真　有限会社 ジャパンスポーツ（菅原正治、和田八束、野田滋子、伊場伸太郎、宋在晟）
　　　　森田正美／中村康一（Image Works）
構　成　ワールド・フィギュアスケート編集部
デザイン　SDR（新書館デザイン室）
協　力　株式会社 team Sirius

羽生結弦 魂のプログラム

2018年10月25日　初版第1刷発行

著　者　羽生結弦
発行者　三浦和郎
発　行　株式会社 新書館
　　　　〒113-0024　東京都文京区西片 2-19-18
　　　　電話 03（3811）2851
　　（営業）〒174-0043　東京都板橋区坂下 1-22-14
　　　　電話 03（5970）3840　FAX 03（5970）3847
印刷・製本　株式会社 加藤文明社

落丁・乱丁本はお取替いたします。
本書の無断複製（コピー、スキャン、デジタル化等）並びに無断複製物の譲渡および配信は、著作権法上の例外を除き禁じられています。
© 2018, Yuzuru HANYU
Printed in Japan ISBN978-4-403-31126-0